Printed in the USA

The Slovak Dictionary
A Concise English-Slovak Dictionary

By Jakub Kováč

The Slovak Dictionary

English-Slovak Dictionary   1

Slovak-English Dictionary   71

English — Slovak Dictionary

English	Slovenský
Slovakia	Slovensko
Bratislava	Bratislava

A

Aboard	Na palube (lodi, autobusu...)
About	O
Above	Nad
Accident	Nehoda
Account	Účet
Across	Cez, ponad
Adapter	Nabíjačka
Address	Adresa
Admit	Prijať
Adult	Dospelá osoba
Advice	Rada
Afraid	Obávať sa
After	Po (časovo)
Age	Vek
Ago	Pred

English	Slovenský
Agree	Dohodnúť sa
Ahead	Pred
Air	Vzduch
Air conditioning	Klimatizácia
Airline	Letecká spoločnosť
Airplane	Lietadlo
Airport	Letisko
Aisle	Chodba, ulička
Alarm clock	Budík
Alcohol	Alkohol
All	Všetko
Allergy	Alergia
Alone	Sám, sama
Already	Už
Also	Tiež
Always	Vždy
Ancient	Starodávny, zastaraný
And	A
Angry	Nahnevaný
Animal	Zviera
Ankle	Členok
Another	Iný, ďalší

English	Slovenský
Answer	Odpoveď
Antique	Starožitný, antický
Apartment	Byt
Apple	Jablko
Appointment	Stretnutie (u lekára, na úrade)
Argue	Hádať sa, argumentovať
Arm	Ruka
Arrest	Zatknúť, zatknutie
Arrivals	Príchody
Arrive	Prísť, dôjsť
Art	Umenie
Artist	Umelec
Ask (questioning)	Pýtať sa
Ask (request)	Žiadať
Aspirin	Aspirín
At	V
ATM	Bankomat
Awful	Strašný

B

Baby	Dieťa

English	Slovenský
Babysitter	Opatrovateľ (-ka)
Back (body)	Chrbát
Back (backward position)	Vzadu, dozadu
Backpack	Ruksak
Bacon	Slanina
Bad	Zlý
Bag	Taška
Baggage	Batožina
Baggage claim	Výdaj batožiny
Bakery	Pekáreň
Ball (sports)	Lopta, loptička
Banana	Banán
Band (musician)	Hudobná skupina
Bandage	Obväz
Band-Aid	Leukoplast
Bank	Banka
Bank account	Bankový účet
Basket	Košík
Bath (noun)	Vaňa
Bath (verb)	Kúpať sa
Bathing suit	Plavky
Bathroom	Kúpeľňa

English	Slovenský
Battery	Baterka
Be	Byť
Beach	Pláž
Beautiful	Krásny
Because	Pretože, lebo
Bed	Posteľ
Bedroom	Spálňa
Beef	Hovädzie mäso
Beer	Pivo
Before	Pred
Behind	Za
Below	Pod
Beside	Vedľa, pri, v porovnaní
Best	Najlepší
Bet	Stávka
Between	Medzi
Bicycle	Bicykel
Big	Veľký
Bike (noun)	Bicykel
Bike (verb)	Bicyklovať sa
Bill (bill of sale)	Účet, faktúra
Bird	Vták

English	Slovenský
Birthday	Narodeniny
Bite (dog bite)	Hrýzť, pohrýzť
Bitter	Horký, trpký
Black	Čierny
Blanket	Prikrývka
Blind	Slepý
Blood	Krv
Blue (dark blue)	Modrý, tmavomodrý
Blue (light blue)	Belasý, svetlomodrý
Board (climb aboard)	Paluba, doska
Boarding pass	Palubný lístok
Boat	Loď
Body	Telo
Book	Kniha
Bookshop	Kníhkupectvo
Boots (shoes)	Čižmy
Border	Hranica
Bored	Znudený, unudený
Boring	Nudný
Borrow	Požičať si
Both	Obidva, oba
Bottle	Fľaša

English	Slovenský
Bottle opener (beer)	Otvarák na fľaše
Bottle opener (corkscrew)	Vývrtka
Bottom (butt)	Zadok
Bottom (on bottom)	Spodok
Bowl (noun)	Miska
Bowl (verb)	Gúľať
Box	Krabica
Boy	Chlapec
Boyfriend	Priateľ
Bra	Podprsenka
Brave	Odvážny
Bread	Chlieb
Break	Zlomiť
Breakfast	Raňajky
Breathe	Dýchať
Bribe	Podplatiť
Bridge	Most
Bring	Priniesť
Broken (breaking)	Zlomený
Brother	Brat
Brown	Hnedý
Brush (verb)	Čistiť, kefovať

English	Slovenský
Brush (noun)	Kefa
Bucket	Vedro
Bug	Chrobák
Build	Stavať
Builder	Stavbár
Building	Budova
Burn	Horieť
Bus	Autobus
Bus station	Autobusová stanica
Bus stop	Autobusová zastávka
Business	Biznis
Busy	Zaneprázdnený
But	Ale
Butter	Maslo
Butterfly	Motýľ
Buy	Kúpiť

C

Cake (wedding cake)	Torta (svadobná torta)
Cake (birthday cake)	Torta (narodeninová torta)
Call	Volať

English	Slovenský
Call (telephone call)	Hovor
Camera	Kamera, fotoaparát
Camp	Kempovať
Campfire	Táborák
Campsite	Kemp
Can (have the ability)	Môcť
Can (allowed)	Smieť
Can (aluminum can)	Plechovka
Cancel	Zrušiť
Candle	Sviečka
Candy	Cukrík
Car	Auto
Cards (playing cards)	Karty (hracie karty)
Care for	Starať sa o
Carpenter	Tesár
Carriage	Voz
Carrot	Mrkva
Carry	Niesť
Cash	Hotovosť
Cash (deposit a check)	Speňažiť
Cashier	Pokladník
Castle	Hrad

English	Slovenský
Cat	Mačka
Cathedral	Katedrála
Celebration	Oslava
Cell phone	Mobilný telefón
Cemetery	Cintorín
Cent	Cent
Centimeter	Centimeter
Center	Centrum
Cereal	Obilnina
Chair	Stolička
Chance	Šanca
Change (noun)	Zmena
Change (verb)	Zmeniť
Change (coinage)	Drobné (peniaze)
Change (pocket change)	Drobné (vreckové)
Changing room	Skúšobná kabínka
Chat up	Zarozprávať sa
Cheap	Lacný
Cheat	Podvádzať
Cheese	Syr
Chef	Kuchár, šéfkuchár
Cherry	Čerešňa

English	Slovenský
Chest (torso)	Hruď
Chicken	Kura
Child	Dieťa
Children	Deti
Chocolate	Čokoláda
Choose	Vybrať
Christmas	Vianoce
Cider	Cider, jablkový mušt
Cigar	Cigara
Cigarette	Cigareta
City	Mesto
City center	Centrum mesta
Class (categorize)	Triediť
Clean	Čistý
Cleaning	Čistenie
Climb	Liezť
Clock	Hodiny
Close	Zavrieť
Close (closer)	Blízky
Closed	Zatvorený
Clothing	Oblečenie
Clothing store	Obchod s oblečením

English	Slovenský
Cloud	Oblak, Mrak
Cloudy	Oblačno
Coast	Pobrežie
Coat	Kabát
Cockroach	Šváb
Cocktail	Koktajl
Cocoa	Kakao
Coffee	Káva
Coins	Mince
Cold	Studený
College	Vysoká škola
Color	Farba
Comb	Česať
Come	Prísť
Comfortable	Pohodlný
Compass	Kompas
Complain	Sťažovať sa
Complimentary (on the house)	Zdarma
Computer	Počítač
Concert	Koncert
Conditioner (conditioning treatment)	Kondicionér
Contact lens solution	Roztok pre kontaktné šošovky

English	Slovenský
Contact lenses	Kontaktné šošovky
Contract	Zmluva
Cook	Variť
Cookie	Keksík
Cool (mild temperature)	Vlažný
Corn	Kukurica
Corner	Roh
Cost (noun)	Cena
Cost (verb)	Stáť
Cotton	Bavlna
Cotton balls	Bavlnené guľky
Cough	Kašľať
Count	Počítať
Country	Krajina
Cow	Krava
Crafts	Remeslá
Crash	Naraziť
Crazy	Bláznivý
Cream (creamy)	Krém
Cream (treatment)	Krém
Credit	Kredit
Credit card	Kreditná karta

English	Slovenský
Cross (crucifix)	Kríž
Crowded	Preplnený (ľuďmi)
Cruise (noun)	Plavba
Cruise (verb)	Plaviť sa
Custom	Zvyk
Customs	Colnica
Cut	Odrezať, odstrihnúť
Cycle	Bicyklovať
Cycling	Bicyklovanie
Cyclist	Cyklista

D

Dad	Otec
Daily	Denný
Dance (noun)	Tanec
Dance (verb)	Tancovať
Dancing	Tancovanie
Dangerous	Nebezpečný
Dark	Tmavý
Date (important notice)	Dátum
Date (specific day)	Dátum

English	Slovenský
Date (companion)	Rande
Daughter	Dcéra
Dawn	Úsvit
Day	Deň
Day after tomorrow	Pozajtra
Day before yesterday	Predvčerom
Dead	Mŕtvy
Deaf	Nemý, hluchý
Deal (card dealer)	Rozdávať (karty)
Decide	Rozhodnúť
Deep	Hlboký
Degrees (weather)	Stupne
Delay	Oneskoriť
Deliver	Doručiť
Dentist	Zubár
Deodorant	Dezodorant
Depart	Odísť
Department store	Obchodný dom
Departure	Odchod
Departure gate	Odletová brána
Deposit	Záloha
Desert (noun)	Púšť

English	Slovenský
Desert (verb)	Opustiť
Dessert	Dezert, zákusok
Details	Detaily
Diaper	Plienka
Diarrhea	Hnačka
Diary	Denník
Die	Zomrieť
Diet	Diéta
Different	Iný, rôzny
Difficult	Ťažký, náročný
Dinner	Večera
Direct (verb)	Riadiť
Direct (adjective)	Priamy
Direction	Smer
Dirty	Špinavý
Disaster	Nešťastie, katastrofa
Disabled	Invalidný
Dish	Jedlo
Diving	Potápanie
Dizzy	Ovalený, majúci pocit závratu
Do	Robiť
Doctor	Doktor

English	Slovenský
Dog	Pes
Door	Dvere
Double	Dvojitý
Double bed	Dvojposteľ
Double room	Dvojlôžková izba
Down	Dole
Downhill	Dole kopcom
Dream	Snívať
Dress	Obliecť
Drink (cocktail)	Drink
Drink (beverage)	Nápoj
Drink	Piť
Drive	Šoférovať
Drums	Bicie
Drunk	Opitý
Dry (verb)	Sušiť
Dry (adjective)	Suchý
Dry (warm up)	Vysušiť
Duck	Kačka, kačica

English	Slovenský

E

English	Slovenský
Each	Každý
Ear	Ucho
Early	Skoro
Earn	Zarobiť
East	Východ
Easy	Ľahký
Eat	Jesť
Education	Vzdelanie
Egg	Vajce
Electricity	Elektrina
Elevator	Výťah
Embarrassed	Zahanbený
Emergency	Pohotovosť
Empty	Prázdny
End (noun)	Koniec
End (verb)	Končiť
English (noun)	Angličtina
English (adjective)	Anglický
Enjoy (enjoying)	Užiť si

English	Slovenský
Enough	Dosť
Enter	Vstúpiť
Entry	Vstup
Escalator	Eskalátor
Euro	Euro
Evening	Večer
Every	Každý
Everyone	Každý, všetci
Everything	Všetko
Exactly	Presne
Exit (noun)	Východ
Exit (verb)	Vyjsť
Expensive	Drahý
Experience (noun)	Skúsenosť
Experience (verb)	Zažiť
Eyes	Oči

F

Face	Tvár
Fall (autumnal)	Jeseň
Fall (falling)	Padať

English	Slovenský
Family	Rodina
Famous	Známy, slávny
Far	Ďaleko
Fare	Cena
Farm	Farma
Fast	Rýchly
Fat	Tučný
Feel (touching)	Cítiť
Feelings	City, Pocity
Female	Žena
Fever	Horúčka
Few	Málo, zopár
Fight	Boj
Fill	Vyplniť
Fine	Jemný, fajn
Finger	Prst
Finish	Ukončiť, skončiť
Fire (heated)	Oheň
First	Prvý
First-aid kit	Lekárnička
Fish	Ryba
Flat	Plochý

English	Slovenský
Floor (carpeting)	Podlaha
Floor (level)	Podlažie, poschodie
Flour	Múka
Flower	Kvet
Fly	Lietať
Foggy	Hmlistý
Follow	Nasledovať
Food	Jedlo
Foot	Noha, chodidlo
Forest	Les
Forever	Navždy
Forget	Zabudnúť
Fork	Vidlička
Foul	Faul, odporný
Fragile	Krehký
Free (at liberty)	Slobodný
Free (no cost)	Zadarmo
Fresh	Čerstvý
Fridge	Chladnička
Friend	Kamarát
From	Od, z
Frost	Mraz

English	Slovenský
Fruit	Ovocie
Fry	Vyprážať
Frying pan	Panvica na vyprážanie
Full	Plný
Full-time	Plný úväzok
Fun	Zábava
Funny	Zábavný
Furniture	Nábytok
Future (noun)	Budúcnosť

G

Game (match-up)	Zápas
Game (event)	Zápas
Garbage	Odpad
Garbage can	Odpadkový kôš
Garden	Záhrada
Gas (gasoline)	Benzín
Gate (airport)	Brána
Gauze	Gáza
Get	Dostať
Get off (disembark)	Vystúpiť

English	Slovenský
Gift	Darček
Girl	Dievča
Girlfriend	Priateľka
Give	Dať
Glass	Pohár, sklo
Glasses (eyeglasses)	Okuliare
Gloves	Rukavice
Glue	Lepidlo
Go (walk)	Ísť (chodiť)
Go (drive)	Ísť (jazdiť)
Go out	Vyjsť
God (deity)	Boh
Gold	Zlato
Good	Dobrý
Government	Vláda
Gram	Gram
Granddaughter	Vnučka
Grandfather	Starý otec
Grandmother	Stará mama
Grandson	Vnuk
Grass	Tráva
Grateful	Vďačný

English	Slovenský
Grave	Vážny, závažný, hrob
Great (wonderful)	Úžasný
Green	Zelený
Grey	Sivý
Grocery	Potraviny
Grow	Rásť
Guaranteed	Garantovaný
Guess (noun)	Odhad
Guess (verb)	Hádať, odhadnúť
Guilty	Vinný
Guitar	Gitara
Gun	Zbraň
Gym	Telocvičňa

H

Hair	Vlasy
Hairbrush	Hrebeň
Haircut	Účes
Half	Polovica
Hand	Ruka
Handbag	Taška, kabelka

English	Slovenský
Handkerchief	Vreckovka
Handmade	Ručne vyrobený
Handsome	Pekný
Happy	Šťastný
Hard (firm)	Tvrdý
Hard-boiled	Uvarený na tvrdo
Hat	Klobúk
Have	Mať
Have a cold	Mať nádchu, byť nachladený
Have fun	Zabávať sa
He	On
Head	Hlava
Headache	Bolesť hlavy
Headlights	Predné svetlá
Health	Zdravie
Hear	Počuť
Heart	Srdce
Heat	Teplo
Heated	Zohriatý, nahriatý
Heater	Ohrievač
Heavy	Ťažký
Helmet	Prilba

English	Slovenský
Help (noun)	Pomoc
Help (verb)	Pomôcť
Her (hers)	Jej
Herb	Bylina
Herbal	Bylinný
Here	Tu
High (steep)	Strmý
High school	Stredná škola
Highway	Diaľnica
Hike	Ísť na turistiku (do lesa, do hôr)
Hiking	Pešia turistika
Hill	Kopec
Hire	Najať, požičať si
His	Jeho
History	História
Holiday	Prázdniny
Holidays	Dovolenka
Home	Doma, domov
Honey	Med
Horse	Kôň
Hospital	Nemocnica
Hot	Horúci

English	Slovenský
Hot water	Horúca voda
Hotel	Hotel
Hour	Hodina
House	Dom
How	Ako
How much	Koľko
Hug (noun)	Objatie
Hug (verb)	Objať
Humid	Vlhký
Hungry (famished)	Hladný
Hurt	Raniť, zraniť
Husband	Manžel

I

Ice	Ľad
Ice cream	Zmrzlina
Identification	Identifikácia
ID card	Preukaz totožnosti
Idiot	Idiot
If	Ak
Ill	Chorý

English	Slovenský
Important	Dôležitý
Impossible	Nemožný, neuskutočniteľný
In	V
(be) in a hurry	Ponáhľať sa
In front of	Vpredu
Included	Zahrnutý
Indoor	Vnútri
Information	Informácia
Ingredient	Ingrediencia
Injury	Zranenie
Innocent	Nevinný
Inside	Vnútri, dnu
Interesting	Zaujímavý
Invite	Pozvať
Island	Ostrov
It	To
Itch	Svrbieť

J

Jacket	Sako, kabát
Jail	Väzenie

English	Slovenský
Jar	Krčah
Jaw	Čeľusť
Jeep	Džíp
Jewelry	Klenot, klenotníctvo
Job	Práca
Jogging	Jogging, beh
Joke (noun)	Sranda, vtip
Joke (verb)	Srandovať, špásovať
Juice	Džús
Jumper (cardigan)	Sveter

K

Key (noun)	Kľúč
Key (adjective)	Kľúčový, hlavný
Keyboard	Klávesnica
Kilogram	Kilogram
Kilometer	Kilometer
Kind (sweet)	Milý
Kindergarten	Škôlka
King	Kráľ
Kiss (noun)	Bozk

English	Slovenský
Kiss (verb)	Pobozkať
Kitchen	Kuchyňa
Knee	Koleno
Knife	Nôž, nožík
Know	Vedieť, poznať

L

Lace	Šnúrka
Lake	Jazero
Land	Zem, pozemok
Language	Jazyk, reč
Laptop	Laptop
Large	Veľký
Last (finale)	Posledný
Last (previously)	Ostatný
Law (edict)	Právo
Lawyer	Právnik
Lazy	Lenivý
Leader	Líder, vodca
Learn	Učiť sa
Leather	Koža

English	Slovenský
Left (leftward)	Vľavo, naľavo
Leg	Noha
Legal	Legálny
Lemon	Citrón
Lemonade	Citronáda, limonáda
Lens	Objektív
Lesbian	Lesba
Less	Menej
Letter (envelope)	List
Lettuce	Hlávkový šalát
Liar	Klamár
Library	Knižnica
Lie (lying)	Klamať
Lie (falsehood)	Lož
Life	Život
Light	Ľahký
Light (pale)	Svetlý
Light (weightless)	Ľahký
Light bulb	Žiarovka
Lighter (ignited)	Zapaľovač
Like	Mať rád
Lime	Limetka

English	Slovenský
Lips	Pery
Lipstick	Rúž na pery
Liquor store	Obchod s alkoholom
Listen	Počúvať
Little (few)	Málo
Little (tiny)	Malý, maličký
Live (occupy)	Bývať
Local	Miestny
Lock (noun)	Zámok
Lock (verb)	Zakmnúť
Locked	Zamknutý
Long	Dlhý
Look (noun)	Pohľad
Look (verb)	Pozerať sa
Look for	Hľadať
Lose	Stratiť
Lost	Stratený
Lot	Veľa
Loud	Hlučný
Love (noun)	Láska
Love (verb)	Ľúbiť, milovať
Low	Nízky

English	Slovenský
Luck	Šťastie
Lucky	Šťastný
Luggage	Batožina
Lump	Kus
Lunch	Obed
Luxury	Luxus

M

Machine	Stroj
Magazine	Časopis, magazín
Mail (mailing)	Poštová zásielka
Mailbox	Poštová schránka
Main	Hlavný
Main road	Hlavná cesta
Make	Spraviť, urobiť
Make-up	Mejkap
Man	Muž
Many	Veľa (početné)
Map	Mapa
Market	Trh
Marriage	Sobáš

English	Slovenský
Marry	Zosobášiť, vziať si
Matches (matchbox)	Zápalky
Mattress	Matrac
Maybe	Možno
Me	Ja
Meal	Jedlo
Meat	Mäso
Medicine (medicinal)	Liek
Meet	Stretnúť
Meeting	Stretnutie, schôdza
Member	Člen
Message	Správa
Metal	Železo
Meter	Meter
Microwave	Mikrovlnka
Midday	Poludnie
Midnight	Polnoc
Military (noun)	Armáda
Military (adjective)	Vojenský
Milk	Mlieko
Millimeter	Milimeter
Minute (moment)	Minúta

English	Slovenský
Mirror	Zrkadlo
Miss (lady)	Slečna
Miss (mishap)	Netrafenie sa
Mistake	Chyba
Mobile phone	Mobilný telefón
Modern	Moderný
Money	Peniaze
Month	Mesiac (kalendárny)
More	Viac
Morning	Ráno
Mosquito	Komár
Motel	Motel
Mother	Mama, matka
Mother-in-law	Svokra
Motorbike	Motorka
Motorboat	Motorová loď, motorový čln
Mountain	Vrch, hora
Mountain range	Pohorie
Mouse	Myš
Mouth	Ústa
Movie	Film
Mr.	Pán

English	Slovenský
Mrs./Ms	Pani
Mud	Blato
Murder	Vražda
Muscle	Sval
Museum	Múzeum
Music	Hudba
Mustard	Horčica
Mute (adjective)	Nemý
Mute (verb)	Stlmiť (zvuk)
My	Môj, moja, moje

N

Nail clippers	Nožnice na nechty
Name (moniker)	Prezývka
Name (term)	Termín (názov)
Name (surname)	Meno (Priezvisko)
Napkin	Obrúsok
Nature	Príroda
Nausea	Nevoľnosť
Near (close)	Blízko
Nearest	Najbližší

English	Slovenský
Necessity	Potreba
Neck	Krk
Necklace	Náhrdelník
Need	Potrebovať
Needle (stitch)	Ihla
Negative	Negatívny
Neither...nor...	Ani... Ani...
Net (noun)	Sieť
Net (adjective)	Čistý (príjem)
Never	Nikdy
New	Nový
News	Správy
Newspaper	Noviny
Next (ensuing)	Nasledujúci
Next to	Vedľa
Nice	Milý, pekný
Nickname	Prezývka
Night	Noc
Nightclub	Nočný klub
No	Nie
Noisy	Hlučný
None	Žiadny

English	Slovenský
Nonsmoking	Nefajčiarsky
Noon	Poludnie
North	Sever
Nose	Nos
Not	Nie
Notebook	Zápisník
Nothing	Nič
Now	Teraz
Number	Číslo
Nurse	Zdravotná sestra
Nut	Oriešok

O

Ocean	Oceán
Off (strange)	Zvláštny
Office	Kancelária
Often	Často
Oil (oily)	Olej
Old	Starý
On	Na
On time	Načas

English	Slovenský
Once	Raz, niekedy
One	Jeden
One-way	Jednosmerný
Only	Len, iba
Open	Otvorený
Operation (process)	Operácia
Operator	Operátor
Opinion	Názor
Opposite	Naproti, oproti
Or	Alebo
Orange (citrus)	Pomaranč
Orange (color)	Oranžový
Orchestra	Orchester
Order (noun)	Objednávka, postupnosť
Order (verb)	Objednať, zoradiť
Ordinary	Bežný
Original	Originálny, pôvodný
Other	Ďalší, iný
Our	Náš, naša, naše
Outside	Vonku, von
Oven	Rúra (na pečenie)
Overnight	Cez noc

English	Slovenský
Overseas	V zahraničí
Owner	Majiteľ
Oxygen	Kyslík

P

Package	Balík
Packet	Balík
Padlock	Visiaci zámok
Page	Strana
Pain	Bolesť
Painful	Bolestný
Painkiller	Liek proti bolesti
Painter	Maliar
Painting (canvas)	Maľovanie
Painting (the art)	Maľba
Pair	Pár
Pan	Panvica
Pants (slacks)	Nohavice
Paper	Papier
Paperwork	Papierovanie
Parents	Rodičia

English	Slovenský
Park	Park
Park (parking)	Parkovať
Part (piece)	Časť
Part-time	Polovičný úväzok, čiastočný úväzok
Party (celebration)	Oslava, párty
Party (political)	Strana (politická)
Pass	Prejsť
Passenger	Pasažier
Passport	Cestovný pas
Past (ago)	Minulosť
Path	Cesta, cestička
Pay	Platiť
Payment	Platba
Peace	Mier
Peach	Broskyňa
Peanut	Arašid
Pear	Hruška
Pedal	Pedál
Pedestrian	Chodec
Pen	Pero
Pencil	Ceruzka
People	Ľudia

English	Slovenský
Pepper (peppery)	Paprika
Per	Za (napr. Cena za noc), na (napr. Na osobu)
Per cent	Percento
Perfect	Perfektný
Performance	Výkon, vystúpenie
Perfume	Parfém, voňavka
Permission (permit)	Povolenie
Person	Osoba
Petrol	Benzín
Petrol station	Čerpacia stanica
Pharmacy	Lekáreň
Phone book	Telefónny zoznam
Photo	Fotografia
Photographer	Fotograf
Pigeon	Holub
Pie	Koláč
Piece	Kus, kúsok
Pig	Sviňa, ošípaná
Pill	Tabletka, pilulka
Pillow	Vankúš
Pillowcase	Obliečka na vankúš
Pink	Ružový

English	Slovenský
Place	Miesto
Plane	Lietadlo
Planet	Planéta
Plant	Rastlina
Plastic	Plastový
Plate	Tanier
Play (strum)	Hrať
Play (theatrical)	Divadelná hra (predstavenie)
Plug (stopper)	Zátka
Plug (socket)	Zástrčka
Plum	Slivka
Pocket	Vrecko
Point (noun)	Bod
Point (verb)	Smerovať
Poisonous	Jedovatý
Police	Polícia
Police officer	Policajt
Police station	Policajná stanica
Politics	Politika
Pollution	Znečistenie
Pool (basin)	Bazén
Poor	Chudobný

English	Slovenský
Popular	Populárny, slávny
Pork	Bravčové mäso
Port (dock)	Prístav
Positive	Pozitívny
Possible	Možný
Postcard	Pohľadnica
Post office	Pošta
Pot (kettle)	Hrniec
Potato	Zemiak
Pottery	Hrnčiarstvo, hrnčiarske výrobky
Pound (ounces)	Libra (unca)
Poverty	Chudoba
Powder	Prášok
Power	Sila, moc
Prayer	Modlitba
Prefer	Uprednostňovať
Pregnant	Tehotná
Prepare	Pripraviť
Prescription	Predpis
Present (treat)	Darček
Present (now)	Prítomnosť
President	Prezident

English	Slovenský
Pressure	Tlak
Pretty	Pekná (žena)
Price	Cena
Priest	Kňaz
Printer (printing)	Tlačiareň
Prison	Väznica
Private	Súkromný
Produce (noun)	Výrobok
Produce (verb)	Vyrobiť
Profit	Zisk
Program	Program
Promise (noun)	Sľub
Promise (verb)	Sľúbiť
Protect	Chrániť, ochraňovať
Pub	Krčma
Public toilet	Verejná toaleta
Pull	Ťahať
Pump (noun)	Pumpa
Pump (verb)	Pumpovať
Pumpkin	Tekvica
Pure	Čistý
Purple	Fialový

English	Slovenský
Purse	Peňaženka (dámska)
Push	Tlačiť
Put	Položiť

Q

Quality	Kvalita
Quarter	Štvrtina, štvrť
Queen	Kráľovná
Question	Otázka
Queue	Rad
Quick	Rýchly
Quiet	Tichý
Quit	Skončiť

R

Rabbit	Zajac
Race (running)	Preteky
Radiator	Radiátor
Radio	Rádio
Rain	Dážď

English	Slovenský
Raincoat	Pršiplášť
Rare (exotic)	Vzácny
Rare (unique)	Mimoriadny
Rash	Vyrážka
Raspberry	Malina
Rat	Potkan
Raw	Surový
Razor	Žiletka
Read	Čítať
Reading	Čítanie
Ready	Pripravený
Rear (behind)	Zadná časť
Reason	Príčina
Receipt	Bloček
Recently	Nedávno
Recommend	Odporučiť
Record (music)	Nahrávka (hudobná)
Recycle	Recyklovať
Red	Červený
Refrigerator	Chladnička
Refund (noun)	Vrátenie peňazí
Refund (verb)	Vrátiť peniaze

English	Slovenský
Refuse	Odmietnuť
Regret	Ľutovať
Relationship	Vzťah
Relax (noun)	Relax, oddych
Relax (verb)	Oddychovať
Relic	Pozostatok, relikvia
Religion	Náboženstvo
Religious	Náboženský, nábožný
Remote	Vzdialený
Rent	Nájom
Repair	Opraviť
Reservation (reserving)	Rezervácia
Rest (noun)	Zvyšok
Rest (verb)	Oddýchnuť si
Restaurant	Reštaurácia
Return (homecoming)	Návrat
Return (returning)	Vrátiť sa
Review (noun)	Recenzia
Review (verb)	Preskúmať, revidovať
Rhythm	Rytmus
Rib	Rebro
Rice	Ryža

English	Slovenský
Rich (prosperous)	Bohatý
Ride	Jazda
Ride (riding)	Jazdiť (na bicykli, motorke, koni)
Right (appropriate)	Správny
Right (rightward)	Vpravo
Ring (bauble)	Prsteň
Ring (ringing)	Zvoniť
Rip-off	Ošklbanie (finančné)
River	Rieka
Road	Cesta
Rob	Okradnúť
Robbery	Lúpež
Rock	Skala
Romantic	Romantický
Room (accommodation)	Izba
Room (chamber)	Izba
Room number	Číslo izby
Rope	Lano
Round (noun)	Kolo
Round (adjective)	Okrúhly
Route	Cesta
Rug	Handra

English	Slovenský
Ruins	Ruiny
Rule	Pravidlo
Rum	Rum
Run	Behať, utekať
Running	Bežanie

S

Sad	Smutný
Safe	Bezpečný
Salad	Šalát
Sale (special)	Výpredaj
Sales tax	Daň z predaja
Salmon	Losos
Salt	Soľ
Same	Rovnaký
Sand	Piesok
Sandal	Sandál
Sauce	Omáčka
Saucepan	Rajnica
Sauna	Sauna
Say	Povedať

English	Slovenský
Scarf	Šál, šatka
School	Škola
Science	Veda
Scientist	Vedec
Scissors	Nožnice
Sea	More
Seasickness	Morská nemoc
Season	Sezóna
Seat	Sedadlo
Seatbelt	Bezpečnostný pás
Second (moment)	Sekunda
Second	Druhý
See	Vidieť
Selfish	Sebecký
Sell	Predať
Send	Poslať
Sensible	Rozumný
Sensual	Zmyselný, zmyslový
Separate	Oddeliť
Serious	Vážny, seriózny
Service	Služba, servis
Several	Niekoľko

English	Slovenský
Sew	Šiť
Sex	Sex, pohlavie
Sexism	Sexizmus
Sexy	Sexi
Shade (shady)	Tieň
Shampoo	Šampón
Shape	Tvar
Share (sharing)	Deliť sa, zdieľať
Share (allotment)	Podiel
Shave	Holiť, oholiť
Shaving cream	Pena na holenie
She	Ona
Sheet (linens)	Prikrývka
Ship	Loď
Shirt	Košeľa
Shoes	Topánky
Shoot	Strieľať, zastreliť
Shop (verb)	Nakupovať
Shop (noun)	Obchod
Shopping center	Nákupné centrum
Short (low)	Nízky (vzrastom)
Shortage	Nedostatok

English	Slovenský
Shorts	Krátke nohavice
Shoulder	Rameno
Shout (noun)	Krik
Shout (verb)	Kričať
Show (noun)	Šou, predstavenie
Show (verb)	Ukázať
Shower (noun)	Sprcha
Shower (verb)	Sprchovať sa
Shut (noun)	Zatvoriť
Shut (adjective)	Zatvorený
Shy	Plachý, hanblivý
Sick	Chorý
Side	Strana
Sign	Značka, znamenie
Sign (signature)	Podpísať
Signature	Podpis
Silk	Hodváb
Silver (noun)	Striebro
Silver (adjective)	Strieborný
Similar	Podobný
Simple	Jednoduchý
Since	Od (časovo)

English	Slovenský
Sing	Spievať
Singer	Spevák
Single (individual)	Jednotlivý, jeden
Sister	Sestra
Sit	Sedieť
Size (extent)	Veľkosť
Skin	Koža, pokožka
Skirt	Sukňa
Sky	Obloha, nebo
Sleep (noun)	Spánok
Sleep (verb)	Spať
Sleepy	Zaspatý, ospalý
Slice (noun)	Plátok
Slice (verb)	Krájať
Slow	Pomalý
Slowly	Pomaly
Small	Malý
Smell (noun)	Vôňa
Smell (verb)	Voňať, cítiť
Smile (noun)	Úsmev
Smile (verb)	Usmievať sa
Smoke (noun)	Dym

English	Slovenský
Smoke (verb)	Fajčiť
Snack	Rýchle občerstvenie, snack
Snake	Had
Snow (noun)	Sneh
Snow (verb)	Snežiť
Soap	Mydlo
Socks	Ponožky
Soda	Sóda
Soft-drink	Nealkoholický nápoj
Some	Nejaký
Someone	Niekto
Something	Niečo
Son	Syn
Song	Pieseň, pesnička
Soon	Skoro
Sore	Bolesť
Soup	Polievka
South	Juh
Specialist	Odborník, špecialista
Speed (rate)	Rýchlosť
Spinach	Špenát
Spoiled (rotten)	Pokazený, zhnitý

English	Slovenský
Spoke	Priečka, špica
Spoon	Lyžica
Sprain	Vytknúť (členok)
Spring (prime)	Prameniť
Square (town center)	Námestie
Stadium	Štadión
Stamp (noun)	Pečiatka, poštová známka
Stamp (verb)	Opečiatkovať
Star	Hviezda
Star sign	Znamenie (horoskop)
Start (noun)	Začiatok, štart
Start (verb)	Začať
Station	Stanica
Statue	Socha
Stay (sleepover)	Pobyt
Steak	Stejk
Steal	Ukradnúť
Steep	Strmý
Step	Krok
Stolen	Ukradnutý
Stomach	Žalúdok
Stomach ache	Bolesť žalúdka

English	Slovenský
Stone	Kameň
Stop (station)	Zastávka
Stop (halt)	Zastaviť, ukončiť
Stop (avoid)	Vyhnúť sa
Storm	Búrka
Story	Príbeh
Stove	Sporák
Straight	Rovno
Strange	Zvláštny
Stranger	Cudzinec
Strawberry	Jahoda
Street	Ulica
String	Povraz, šnúrka
Stroller	Detský kočiar
Strong	Silný, pevný
Stubborn	Tvrdohlavý
Student	Študent
Studio	Štúdio
Stupid	Hlúpy
Suburb	Predmestie, sídlisko
Subway (underground)	Metro
Sugar	Cukor

English	Slovenský
Suitcase	Kufor
Summer	Leto
Sun	Slnko
Sun block	Krém na opaľovanie
Sunburn	Úpal
Sunglasses	Slnečné okuliare
Sunny	Slnečný
Sunrise	Svitanie
Sunset	Západ slnka
Supermarket	Supermarket
Surf (noun)	Surf
Surf (verb)	Surfovať
Surprise (noun)	Prekvapenie
Surprise (verb)	Prekvapiť
Sweater	Sveter
Sweet	Sladký
Swelling	Opuch
Swim (noun)	Plávanie
Swim (verb)	Plávať
Swimming pool	Bazén
Swimsuit	Plavky

English	Slovenský

T

English	Slovenský
Table	Stôl
Tablecloth	Obrus
Tall	Vysoký
Take	Zobrať, vziať
Take photos	Fotografovať
Talk	Rozprávať
Tap	Vodovodný kohútik
Tap water	Voda z vodovodu
Tasty	Chutný
Tea	Čaj
Teacher	Učiteľ
Team	Tím
Teaspoon	Čajová lyžička
Teeth	Zuby
Telephone	Telefón
Television	Televízia, televízor
Tell	Povedať, oznámiť
Temperature (feverish)	Horúčka
Temperature (degrees)	Teplota

English	Slovenský
Terrible	Príšerný
Thank	Poďakovať sa
That (one)	Tamten
Theater	Divadlo
Their	Ich
There	Tam
Thermometer	Teplomer
They	Oni
Thick	Tučný
Thief	Zlodej
Thin	Tenký, chudý
Think	Myslieť, premýšľať
Third (noun)	Tretina
Third (adjective)	Tretí
Thirsty (parched)	Vyprahnutý
This (one)	Toto
Throat	Hrdlo
Ticket	Lístok, vstupenka
Tight	Tesný, úzky
Time	Čas
Time difference	Časový rozdiel
Tin (aluminum can)	Konzerva

English	Slovenský
Tiny	Maličký
Tip (tipping)	Prevrátiť
Tire	Pneumatika
Tired	Unavený
Tissues	Hygienické vreckovky
To	Na, v, k
Toast (toasting)	Opekať
Toaster	Hriankovač
Tobacco	Tabak
Today	Dnes
Toe	Špička, prst na nohe
Together	Spolu
Toilet	Záchod
Toilet paper	Toaletný papier
Tomato	Paradajka
Tomorrow	Zajtra
Tonight	Dnes v noci
Too (additionally)	Tiež
Too (excessively)	Veľmi, príliš
Tooth	Zub
Toothbrush	Zubná kefka
Toothpaste	Zubná pasta

English	Slovenský
Touch	Dotyk
Tour	Prehliadka, turné
Tourist	Turista
Towards	Voči
Towel	Uterák
Tower	Veža
Track (pathway)	Cesta
Track (racing)	Okruh, dráha
Trade (trading)	Obchodovať
Trade (career)	Povolanie
Traffic	Premávka
Traffic light	Semafor
Trail	Chodník
Train	Vlak
Train station	Vlaková stanica, železničná stanica
Tram	Električka
Translate	Preložiť
Translation	Preklad
Transport	Preprava, doprava
Travel	Cestovať
Tree	Strom
Trip (expedition)	Výlet, expedícia

English	Slovenský
Truck	Nákladné auto
Trust	Dôvera
Try (trying)	Skúsiť, vyskúšať
Try (sip)	Ochutnať
T-shirt	Tričko
Turkey	Moriak
Turn	Otočiť
TV	Televízia, televízor
Tweezers	Pinzeta
Twice	Dvakrát
Twins	Dvojčatá
Two	Dva
Type	Typ
Typical	Typický

U

Umbrella	Dáždnik
Uncomfortable	Nepohodlný, nepríjemný
Understand	Rozumieť
Underwear	Spodná bielizeň
Unfair	Nespravodlivý

English	Slovenský
Until	Kým / Pokiaľ
Unusual	Neobvyklý, nezvyčajný
Up	Hore
Uphill	Do kopca
Urgent	Naliehavý
Useful	Užitočný

V

Vacation	Dovolenka
Valuable	Cenný
Value	Hodnota
Van	Dodávka
Vegetable	Zelenina
Vegetarian	Vegetarián
Venue	Miesto
Very	Veľmi
Video recorder	Videorekordér
View	Výhľad, pohľad
Village	Dedina
Vinegar	Ocot
Virus	Vírus

English	Slovenský
Visit	Navštíviť
Visit	Návšteva
Voice	Hlas
Vote (noun)	Hlas
Vote (verb)	Hlasovať

W

Wage	Mzda
Wait	Počkať
Waiter	Čašník
Waiting room	Čakáreň
Wake (someone) up	Prebudiť, zobudiť
Walk (noun)	Chôdza
Walk (verb)	Chodiť
Want	Chcieť
War	Vojna
Wardrobe	Šatník
Warm	Teplý
Warn	Varovať
Wash (bathe)	Kúpať sa
Wash (scrub)	Vyčistiť

English	Slovenský
Wash cloth	Vyprať veci
Washing machine	Práčka
Watch	Hodinky
Watch	Pozerať, sledovať
Water	Voda
Water bottle	Fľaša na vodu
Watermelon	Melón
Waterproof	Nepremokavý, vodotesný
Wave	Vlna
Way	Spôsob, cesta, smer
We	My
Wealthy	Bohatý
Wear	Nosiť
Weather	Počasie
Wedding	Svadba
Week	Týždeň
Weekend	Víkend
Weigh	Vážiť
Weight	Váha
Weights	Závažia
Welcome	Vitajte, privítať
Well	Dobre

English	Slovenský
West	Západ
Wet	Mokrý
What	Čo
Wheel	Koleso
Wheelchair	Invalidný vozík
When	Kedy
Where	Kde
Which	Ktorý
White	Biely
Who	Kto
Why	Prečo
Wide	Široký
Wife	Manželka
Win (noun)	Výhra
Win (verb)	Vyhrať
Wind	Vietor
Window	Okno
Wine	Víno
Winner	Víťaz
Winter	Zima
Wish	Želať si, priať
With	S

English	Slovenský
Within (until)	Do
Without	Bez
Wonderful	Skvelý
Wood	Drevo
Wool	Vlna
Word	Slovo
Work	Práca
World	Svet
Worried	Ustarostený, znepokojený
Wrist	Zápästie
Write	Písať
Writer	Spisovateľ
Wrong	Nesprávny

Y

Year	Rok
Years	Roky
Yellow	Žltý
Yes	Áno
Yesterday	Včera
(Not) yet	Ešte nie

English	Slovenský
You	Ty
You	Vy
Young	Mladý
Your	Tvoj

Z

Zipper	Zips
Zoo	Zoologická záhrada
Zucchini	Cuketa

Slovak — English Dictionary

Slovenský	English
Slovensko	Slovakia
Bratislava	Bratislava

A

A	And
Adresa	Address
Ak	If
Ako	How
Ale	But
Alebo	Or
Alergia	Allergy
Alkohol	Alcohol
Anglický	English (adjective)
Angličtina	English (noun)
Ani... Ani...	Neither...nor...
Áno	Yes
Arašid	Peanut
Armáda	Military (noun)
Aspirín	Aspirin

Slovenský	English
Auto	Car
Autobus	Bus
Autobusová stanica	Bus station
Autobusová zastávka	Bus stop

B

Balík	Package
Balík	Packet
Banán	Banana
Banka	Bank
Bankomat	ATM
Bankový účet	Bank account
Baterka	Battery
Batožina	Baggage
Batožina	Luggage
Bavlna	Cotton
Bavlnené guľky	Cotton balls
Bazén	Pool (basin)
Bazén	Swimming pool
Behať, utekať	Run
Belasý, svetlomodrý	Blue (light blue)

Slovenský	English
Benzín	Gas (gasoline)
Benzín	Petrol
Bez	Without
Bežanie	Running
Bežný	Ordinary
Bezpečnostný pás	Seatbelt
Bezpečný	Safe
Bicie	Drums
Bicykel	Bicycle
Bicykel	Bike (noun)
Bicyklovanie	Cycling
Bicyklovať	Cycle
Bicyklovať sa	Bike (verb)
Biely	White
Biznis	Business
Blato	Mud
Bláznivý	Crazy
Blízko	Near (close)
Blízky	Close (closer)
Bloček	Receipt
Bod	Point (noun)
Boh	God (deity)

Slovenský	English
Bohatý	Rich (prosperous)
Bohatý	Wealthy
Boj	Fight
Bolesť	Pain
Bolesť	Sore
Bolesť hlavy	Headache
Bolesť žalúdka	Stomach ache
Bolestný	Painful
Bozk	Kiss (noun)
Brána	Gate (airport)
Brat	Brother
Bravčové mäso	Pork
Broskyňa	Peach
Budík	Alarm clock
Budova	Building
Budúcnosť	Future (noun)
Búrka	Storm
Bylina	Herb
Bylinný	Herbal
Byt	Apartment
Byť	Be
Bývať	Live (occupy)

Slovenský	English

C

Slovenský	English
Cena	Cost (noun)
Cena	Fare
Cena	Price
Cenný	Valuable
Cent	Cent
Centimeter	Centimeter
Centrum	Center
Centrum mesta	City center
Ceruzka	Pencil
Cesta	Road
Cesta	Route
Cesta	Track (pathway)
Cesta, cestička	Path
Cestovať	Travel
Cestovný pas	Passport
Cez noc	Overnight
Cez, ponad	Across
Chcieť	Want
Chladnička	Fridge

Slovenský	English
Chladnička	Refrigerator
Chlapec	Boy
Chlieb	Bread
Chodba, ulička	Aisle
Chodec	Pedestrian
Chodiť	Walk (verb)
Chodník	Trail
Chorý	Ill
Chorý	Sick
Chôdza	Walk (noun)
Chrániť, ochraňovať	Protect
Chrbát	Back (body)
Chrobák	Bug
Chudoba	Poverty
Chudobný	Poor
Chutný	Tasty
Chyba	Mistake
Cider, jablkový mušt	Cider
Cigara	Cigar
Cigareta	Cigarette
Cintorín	Cemetery
Cítiť	Feel (touching)

Slovenský	English
Citrón	Lemon
Citronáda, limonáda	Lemonade
City, Pocity	Feelings
Colnica	Customs
Cudzinec	Stranger
Cuketa	Zucchini
Cukor	Sugar
Cukrík	Candy
Cyklista	Cyclist

Č

Čaj	Tea
Čajová lyžička	Teaspoon
Čakáreň	Waiting room
Čas	Time
Časopis, magazín	Magazine
Časový rozdiel	Time difference
Časť	Part (piece)
Často	Often
Čašník	Waiter
Čeľusť	Jaw

Slovenský	English
Čerešňa	Cherry
Čerpacia stanica	Petrol station
Čerstvý	Fresh
Červený	Red
Česať	Comb
Čierny	Black
Číslo	Number
Číslo izby	Room number
Čistenie	Cleaning
Čistiť, kefovať	Brush (verb)
Čistý	Clean
Čistý	Pure
Čistý (príjem)	Net (adjective)
Čítanie	Reading
Čítať	Read
Čižmy	Boots (shoes)
Člen	Member
Členok	Ankle
Čo	What
Čokoláda	Chocolate

Slovenský	English

Ď

Slovenský	English
Ďaleko	Far
Ďalší, iný	Other

D

Slovenský	English
Daň z predaja	Sales tax
Darček	Gift
Darček	Present (treat)
Dať	Give
Dátum	Date (important notice)
Dátum	Date (specific day)
Dážď	Rain
Dáždnik	Umbrella
Dcéra	Daughter
Dedina	Village
Deliť sa, zdieľať	Share (sharing)
Deň	Day
Denník	Diary
Denný	Daily

Slovenský	English
Detaily	Details
Deti	Children
Detský kočiar	Stroller
Dezert, zákusok	Dessert
Dezodorant	Deodorant
Diaľnica	Highway
Dieťa	Baby
Dieťa	Child
Diéta	Diet
Dievča	Girl
Divadelná hra (predstavenie)	Play (theatrical)
Divadlo	Theater
Dlhý	Long
Dnes	Today
Dnes v noci	Tonight
Do	Within (until)
Do kopca	Uphill
Dobre	Well
Dobrý	Good
Dodávka	Van
Dohodnúť sa	Agree
Doktor	Doctor

Slovenský	English
Dole	Down
Dole kopcom	Downhill
Dôležitý	Important
Dom	House
Doma, domov	Home
Doručiť	Deliver
Dospelá osoba	Adult
Dosť	Enough
Dostať	Get
Dotyk	Touch
Dôvera	Trust
Dovolenka	Holidays
Dovolenka	Vacation
Drahý	Expensive
Drevo	Wood
Drink	Drink (cocktail)
Drobné (peniaze)	Change (coinage)
Drobné (vreckové)	Change (pocket change)
Druhý	Second
Dva	Two
Dvakrát	Twice
Dvere	Door

Slovenský	English
Dvojčatá	Twins
Dvojitý	Double
Dvojlôžková izba	Double room
Dvojposteľ	Double bed
Dýchať	Breathe
Dym	Smoke (noun)
Džíp	Jeep
Džús	Juice

E

Električka	Tram
Elektrina	Electricity
Eskalátor	Escalator
Ešte nie	(Not) yet
Euro	Euro

F

Fajčiť	Smoke (verb)
Farba	Color
Farma	Farm

Slovenský	English
Faul, odporný	Foul
Fialový	Purple
Film	Movie
Fľaša	Bottle
Fľaša na vodu	Water bottle
Fotograf	Photographer
Fotografia	Photo
Fotografovať	Take photos

G

Garantovaný	Guaranteed
Gáza	Gauze
Gitara	Guitar
Gram	Gram
Gúľať	Bowl (verb)

H

Had	Snake
Hádať sa, argumentovať	Argue
Hádať, odhadnúť	Guess (verb)

Slovenský	English
Handra	Rug
História	History
Hľadať	Look for
Hladný	Hungry (famished)
Hlas	Voice
Hlas	Vote (noun)
Hlasovať	Vote (verb)
Hlava	Head
Hlávkový šalát	Lettuce
Hlavná cesta	Main road
Hlavný	Main
Hlboký	Deep
Hlučný	Loud
Hlučný	Noisy
Hlúpy	Stupid
Hmlistý	Foggy
Hnačka	Diarrhea
Hnedý	Brown
Hodina	Hour
Hodinky	Watch
Hodiny	Clock
Hodnota	Value

Slovenský	English
Hodváb	Silk
Holiť, oholiť	Shave
Holub	Pigeon
Horčica	Mustard
Hore	Up
Horieť	Burn
Horký, trpký	Bitter
Horúca voda	Hot water
Horúci	Hot
Horúčka	Fever
Horúčka	Temperature (feverish)
Hotel	Hotel
Hotovosť	Cash
Hovädzie mäso	Beef
Hovor	Call (telephone call)
Hrad	Castle
Hranica	Border
Hrať	Play (strum)
Hrdlo	Throat
Hrebeň	Hairbrush
Hriankovač	Toaster
Hrnčiarstvo, hrnčiarske výrobky	Pottery

Slovenský	English
Hrniec	Pot (kettle)
Hruď	Chest (torso)
Hruška	Pear
Hrýzť, pohrýzť	Bite (dog bite)
Hudba	Music
Hudobná skupina	Band (musician)
Hviezda	Star
Hygienické vreckovky	Tissues

I

Identifikácia	Identification
Idiot	Idiot
Ihla	Needle (stitch)
Ich	Their
Informácia	Information
Ingrediencia	Ingredient
Invalidný	Disabled
Invalidný vozík	Wheelchair
Iný, ďalší	Another
Iný, rôzny	Different
Izba	Room (accommodation)

Slovenský	English
Izba	Room (chamber)

Í

Ísť (chodiť)	Go (walk)
Ísť (jazdiť)	Go (drive)
Ísť na turistiku (do lesa, do hôr)	Hike

J

Ja	Me
Jablko	Apple
Jahoda	Strawberry
Jazda	Ride
Jazdiť (na bicykli, motorke, koni)	Ride (riding)
Jazero	Lake
Jazyk, reč	Language
Jeden	One
Jedlo	Dish
Jedlo	Food
Jedlo	Meal
Jednoduchý	Simple

Slovenský	English
Jednosmerný	One-way
Jednotlivý, jeden	Single (individual)
Jedovatý	Poisonous
Jeho	His
Jej	Her (hers)
Jemný, fajn	Fine
Jeseň	Fall (autumnal)
Jesť	Eat
Jogging, beh	Jogging
Juh	South

K

Kabát	Coat
Kačka, kačica	Duck
Kakao	Cocoa
Kamarát	Friend
Kameň	Stone
Kamera, fotoaparát	Camera
Kancelária	Office
Karty (hracie karty)	Cards (playing cards)
Kašľať	Cough

Slovenský	English
Katedrála	Cathedral
Káva	Coffee
Každý	Each
Každý	Every
Každý, všetci	Everyone
Kde	Where
Kedy	When
Kefa	Brush (noun)
Keksík	Cookie
Kemp	Campsite
Kempovať	Camp
Kilogram	Kilogram
Kilometer	Kilometer
Klamár	Liar
Klamať	Lie (lying)
Klávesnica	Keyboard
Klenot, klenotníctvo	Jewelry
Klimatizácia	Air conditioning
Klobúk	Hat
Kľúč	Key (noun)
Kľúčový, hlavný	Key (adjective)
Kňaz	Priest

Slovenský	English
Kniha	Book
Kníhkupectvo	Bookshop
Knižnica	Library
Koktajl	Cocktail
Koláč	Pie
Koleno	Knee
Koleso	Wheel
Koľko	How much
Kolo	Round (noun)
Komár	Mosquito
Kompas	Compass
Kôň	Horse
Koncert	Concert
Končiť	End (verb)
Kondicionér	Conditioner (conditioning treatment)
Koniec	End (noun)
Kontaktné šošovky	Contact lenses
Konzerva	Tin (aluminum can)
Kopec	Hill
Košeľa	Shirt
Košík	Basket
Koža	Leather

The Slovak Dictionary: A Concise English-Slovak Dictionary

Slovenský	English
Koža, pokožka	Skin
Krabica	Box
Krájať	Slice (verb)
Krajina	Country
Kráľ	King
Kráľovná	Queen
Krásny	Beautiful
Krátke nohavice	Shorts
Krava	Cow
Krčah	Jar
Krčma	Pub
Kredit	Credit
Kreditná karta	Credit card
Krehký	Fragile
Krém	Cream (creamy)
Krém	Cream (treatment)
Krém na opaľovanie	Sun block
Kričať	Shout (verb)
Krik	Shout (noun)
Kríž	Cross (crucifix)
Krk	Neck
Krok	Step

Slovenský	English
Krv	Blood
Kto	Who
Ktorý	Which
Kuchár, šéfkuchár	Chef
Kuchyňa	Kitchen
Kufor	Suitcase
Kukurica	Corn
Kúpať sa	Bath (verb)
Kúpať sa	Wash (bathe)
Kúpeľňa	Bathroom
Kúpiť	Buy
Kura	Chicken
Kus	Lump
Kus, kúsok	Piece
Kvalita	Quality
Kvet	Flower
Kým / Pokiaľ	Until
Kyslík	Oxygen

L

Lacný	Cheap

Slovenský	English
Ľad	Ice
Ľahký	Easy
Ľahký	Light
Ľahký	Light (weightless)
Lano	Rope
Laptop	Laptop
Láska	Love (noun)
Legálny	Legal
Lekáreň	Pharmacy
Lekárnička	First-aid kit
Len, iba	Only
Lenivý	Lazy
Lepidlo	Glue
Les	Forest
Lesba	Lesbian
Letecká spoločnosť	Airline
Letisko	Airport
Leto	Summer
Leukoplast	Band-Aid
Libra (unca)	Pound (ounces)
Líder, vodca	Leader
Liek	Medicine (medicinal)

Slovenský	English
Liek proti bolesti	Painkiller
Lietadlo	Airplane
Lietadlo	Plane
Lietať	Fly
Liezť	Climb
Limetka	Lime
List	Letter (envelope)
Lístok, vstupenka	Ticket
Loď	Boat
Loď	Ship
Lopta, loptička	Ball (sports)
Losos	Salmon
Lož	Lie (falsehood)
Ľúbiť, milovať	Love (verb)
Ľudia	People
Lúpež	Robbery
Ľutovať	Regret
Luxus	Luxury
Lyžica	Spoon

Slovenský	English

M

Mačka	Cat
Majiteľ	Owner
Maľba	Painting (the art)
Maliar	Painter
Maličký	Tiny
Malina	Raspberry
Málo	Little (few)
Málo, zopár	Few
Maľovanie	Painting (canvas)
Malý	Small
Malý, maličký	Little (tiny)
Mama, matka	Mother
Manžel	Husband
Manželka	Wife
Mapa	Map
Maslo	Butter
Mäso	Meat
Mať	Have
Mať nádchu, byť nachladený	Have a cold

Slovenský	English
Mať rád	Like
Matrac	Mattress
Med	Honey
Medzi	Between
Mejkap	Make-up
Melón	Watermelon
Menej	Less
Meno (Priezvisko)	Name (surname)
Mesiac (kalendárny)	Month
Mesto	City
Meter	Meter
Metro	Subway (underground)
Mier	Peace
Miestny	Local
Miesto	Place
Miesto	Venue
Mikrovlnka	Microwave
Milimeter	Millimeter
Milý	Kind (sweet)
Milý, pekný	Nice
Mimoriadny	Rare (unique)
Mince	Coins

Slovenský	English
Minulosť	Past (ago)
Minúta	Minute (moment)
Miska	Bowl (noun)
Mladý	Young
Mlieko	Milk
Mobilný telefón	Cell phone
Mobilný telefón	Mobile phone
Môcť	Can (have the ability)
Moderný	Modern
Modlitba	Prayer
Modrý, tmavomodrý	Blue (dark blue)
Môj, moja, moje	My
Mokrý	Wet
More	Sea
Moriak	Turkey
Morská nemoc	Seasickness
Most	Bridge
Motel	Motel
Motorka	Motorbike
Motorová loď, motorový čln	Motorboat
Motýľ	Butterfly
Možno	Maybe

Slovenský	English
Možný	Possible
Mraz	Frost
Mrkva	Carrot
Mŕtvy	Dead
Múka	Flour
Muž	Man
Múzeum	Museum
My	We
Mydlo	Soap
Myš	Mouse
Myslieť, premýšľať	Think
Mzda	Wage

N

Na	On
Na palube (lodi, autobusu...)	Aboard
Na, v, k	To
Nabíjačka	Adapter
Náboženský, nábožný	Religious
Náboženstvo	Religion
Nábytok	Furniture

Slovenský	English
Načas	On time
Nad	Above
Nahnevaný	Angry
Nahrávka (hudobná)	Record (music)
Náhrdelník	Necklace
Najať, požičať si	Hire
Najbližší	Nearest
Najlepší	Best
Nájom	Rent
Nákladné auto	Truck
Nákupné centrum	Shopping center
Nakupovať	Shop (verb)
Naliehavý	Urgent
Námestie	Square (town center)
Nápoj	Drink (beverage)
Naproti, oproti	Opposite
Naraziť	Crash
Narodeniny	Birthday
Náš, naša, naše	Our
Nasledovať	Follow
Nasledujúci	Next (ensuing)
Návrat	Return (homecoming)

Slovenský	English
Návšteva	Visit
Navštíviť	Visit
Navždy	Forever
Názor	Opinion
Nealkoholický nápoj	Soft-drink
Nebezpečný	Dangerous
Nedávno	Recently
Nedostatok	Shortage
Nefajčiarsky	Nonsmoking
Negatívny	Negative
Nehoda	Accident
Nejaký	Some
Nemocnica	Hospital
Nemožný, neuskutočniteľný	Impossible
Nemý	Mute (adjective)
Nemý, hluchý	Deaf
Neobvyklý, nezvyčajný	Unusual
Nepohodlný, nepríjemný	Uncomfortable
Nepremokavý, vodotesný	Waterproof
Nesprávny	Wrong
Nespravodlivý	Unfair
Nešťastie, katastrofa	Disaster

Slovenský	English
Netrafenie sa	Miss (mishap)
Nevinný	Innocent
Nevoľnosť	Nausea
Nič	Nothing
Nie	No
Nie	Not
Niečo	Something
Niekoľko	Several
Niekto	Someone
Niesť	Carry
Nikdy	Never
Nízky	Low
Nízky (vzrastom)	Short (low)
Noc	Night
Nočný klub	Nightclub
Noha	Leg
Noha, chodidlo	Foot
Nohavice	Pants (slacks)
Nos	Nose
Nosiť	Wear
Noviny	Newspaper
Nový	New

Slovenský	English
Nôž, nožík	Knife
Nožnice	Scissors
Nožnice na nechty	Nail clippers
Nudný	Boring

O

O	About
Obávať sa	Afraid
Obchod	Shop (noun)
Obchod s alkoholom	Liquor store
Obchod s oblečením	Clothing store
Obchodný dom	Department store
Obchodovať	Trade (trading)
Obed	Lunch
Obidva, oba	Both
Obilnina	Cereal
Objať	Hug (verb)
Objatie	Hug (noun)
Objednať, zoradiť	Order (verb)
Objednávka, postupnosť	Order (noun)
Objektív	Lens

Slovenský	English
Oblačno	Cloudy
Oblak, Mrak	Cloud
Oblečenie	Clothing
Obliečka na vankúš	Pillowcase
Obliecť	Dress
Obloha, nebo	Sky
Obrus	Tablecloth
Obrúsok	Napkin
Obväz	Bandage
Oceán	Ocean
Ochutnať	Try (sip)
Oči	Eyes
Ocot	Vinegar
Od (časovo)	Since
Od, z	From
Odborník, špecialista	Specialist
Odchod	Departure
Oddeliť	Separate
Oddýchnuť si	Rest (verb)
Oddychovať	Relax (verb)
Odhad	Guess (noun)
Odísť	Depart

Slovenský	English
Odletová brána	Departure gate
Odmietnuť	Refuse
Odpad	Garbage
Odpadkový kôš	Garbage can
Odporučiť	Recommend
Odpoveď	Answer
Odrezať, odstrihnúť	Cut
Odvážny	Brave
Oheň	Fire (heated)
Ohrievač	Heater
Okno	Window
Okradnúť	Rob
Okruh, dráha	Track (racing)
Okrúhly	Round (adjective)
Okuliare	Glasses (eyeglasses)
Olej	Oil (oily)
Omáčka	Sauce
On	He
Ona	She
Oneskoriť	Delay
Oni	They
Opatrovateľ (-ka)	Babysitter

Slovenský	English
Opečiatkovať	Stamp (verb)
Opekať	Toast (toasting)
Operácia	Operation (process)
Operátor	Operator
Opitý	Drunk
Opraviť	Repair
Opuch	Swelling
Opustiť	Desert (verb)
Oranžový	Orange (color)
Orchester	Orchestra
Oriešok	Nut
Originálny, pôvodný	Original
Ošklbanie (finančné)	Rip-off
Oslava	Celebration
Oslava, párty	Party (celebration)
Osoba	Person
Ostatný	Last (previously)
Ostrov	Island
Otázka	Question
Otec	Dad
Otočiť	Turn
Otvarák na fľaše	Bottle opener (beer)

Slovenský	English
Otvorený	Open
Ovalený, majúci pocit závratu	Dizzy
Ovocie	Fruit

P

Slovenský	English
Padať	Fall (falling)
Paluba, doska	Board (climb aboard)
Palubný lístok	Boarding pass
Pán	Mr.
Pani	Mrs./Ms
Panvica	Pan
Panvica na vyprážanie	Frying pan
Papier	Paper
Papierovanie	Paperwork
Paprika	Pepper (peppery)
Pár	Pair
Paradajka	Tomato
Parfém, voňavka	Perfume
Park	Park
Parkovať	Park (parking)
Pasažier	Passenger

Slovenský	English
Pečiatka, poštová známka	Stamp (noun)
Pedál	Pedal
Pekáreň	Bakery
Pekná (žena)	Pretty
Pekný	Handsome
Pena na holenie	Shaving cream
Peňaženka (dámska)	Purse
Peniaze	Money
Percento	Per cent
Perfektný	Perfect
Pero	Pen
Pery	Lips
Pes	Dog
Pešia turistika	Hiking
Pieseň, pesnička	Song
Piesok	Sand
Pinzeta	Tweezers
Písať	Write
Piť	Drink
Pivo	Beer
Plachý, hanblivý	Shy
Planéta	Planet

Slovenský	English
Plastový	Plastic
Platba	Payment
Platiť	Pay
Plátok	Slice (noun)
Plávanie	Swim (noun)
Plávať	Swim (verb)
Plavba	Cruise (noun)
Plaviť sa	Cruise (verb)
Plavky	Bathing suit
Plavky	Swimsuit
Pláž	Beach
Plechovka	Can (aluminum can)
Plienka	Diaper
Plný	Full
Plný úväzok	Full-time
Plochý	Flat
Pneumatika	Tire
Po (časovo)	After
Pobozkať	Kiss (verb)
Pobrežie	Coast
Pobyt	Stay (sleepover)
Počasie	Weather

Slovenský	English
Počítač	Computer
Počítať	Count
Počkať	Wait
Počuť	Hear
Počúvať	Listen
Pod	Below
Poďakovať sa	Thank
Podiel	Share (allotment)
Podlaha	Floor (carpeting)
Podlažie, poschodie	Floor (level)
Podobný	Similar
Podpis	Signature
Podpísať	Sign (signature)
Podplatiť	Bribe
Podprsenka	Bra
Podvádzať	Cheat
Pohár, sklo	Glass
Pohľad	Look (noun)
Pohľadnica	Postcard
Pohodlný	Comfortable
Pohorie	Mountain range
Pohotovosť	Emergency

Slovenský	English
Pokazený, zhnitý	Spoiled (rotten)
Pokladník	Cashier
Policajná stanica	Police station
Policajt	Police officer
Polícia	Police
Polievka	Soup
Politika	Politics
Polnoc	Midnight
Polovica	Half
Polovičný úväzok, čiastočný úväzok	Part-time
Položiť	Put
Poludnie	Midday
Poludnie	Noon
Pomaly	Slowly
Pomalý	Slow
Pomaranč	Orange (citrus)
Pomoc	Help (noun)
Pomôcť	Help (verb)
Ponáhľať sa	(be) in a hurry
Ponožky	Socks
Populárny, slávny	Popular
Poslať	Send

Slovenský	English
Posledný	Last (finale)
Pošta	Post office
Posteľ	Bed
Poštová schránka	Mailbox
Poštová zásielka	Mail (mailing)
Potápanie	Diving
Potkan	Rat
Potraviny	Grocery
Potreba	Necessity
Potrebovať	Need
Povedať	Say
Povedať, oznámiť	Tell
Povolanie	Trade (career)
Povolenie	Permission (permit)
Povraz, šnúrka	String
Pozajtra	Day after tomorrow
Pozerať sa	Look (verb)
Pozerať, sledovať	Watch
Požičať si	Borrow
Pozitívny	Positive
Pozostatok, relikvia	Relic
Pozvať	Invite

Slovenský	English
Práca	Job
Práca	Work
Práčka	Washing machine
Prameniť	Spring (prime)
Prášok	Powder
Pravidlo	Rule
Právnik	Lawyer
Právo	Law (edict)
Prázdniny	Holiday
Prázdny	Empty
Prebudiť, zobudiť	Wake (someone) up
Prečo	Why
Pred	Ago
Pred	Ahead
Pred	Before
Predať	Sell
Predmestie, sídlisko	Suburb
Predné svetlá	Headlights
Predpis	Prescription
Predvčerom	Day before yesterday
Prehliadka, turné	Tour
Prejsť	Pass

Slovenský	English
Preklad	Translation
Prekvapenie	Surprise (noun)
Prekvapiť	Surprise (verb)
Preložiť	Translate
Premávka	Traffic
Preplnený (ľuďmi)	Crowded
Preprava, doprava	Transport
Preskúmať, revidovať	Review (verb)
Presne	Exactly
Preteky	Race (running)
Pretože, lebo	Because
Preukaz totožnosti	ID card
Prevrátiť	Tip (tipping)
Prezident	President
Prezývka	Name (moniker)
Prezývka	Nickname
Priamy	Direct (adjective)
Priateľ	Boyfriend
Priateľka	Girlfriend
Príbeh	Story
Príchody	Arrivals
Príčina	Reason

Slovenský	English
Priečka, špica	Spoke
Prijať	Admit
Prikrývka	Blanket
Prikrývka	Sheet (linens)
Prilba	Helmet
Priniesť	Bring
Pripravený	Ready
Pripraviť	Prepare
Príroda	Nature
Príšerný	Terrible
Prísť	Come
Prísť, dôjsť	Arrive
Prístav	Port (dock)
Prítomnosť	Present (now)
Program	Program
Pršiplášť	Raincoat
Prst	Finger
Prsteň	Ring (bauble)
Prvý	First
Pumpa	Pump (noun)
Pumpovať	Pump (verb)
Púšť	Desert (noun)

Slovenský	English
Pýtať sa	Ask (questioning)

R

Rad	Queue
Rada	Advice
Radiátor	Radiator
Rádio	Radio
Rajnica	Saucepan
Rameno	Shoulder
Raňajky	Breakfast
Rande	Date (companion)
Raniť, zraniť	Hurt
Ráno	Morning
Rásť	Grow
Rastlina	Plant
Raz, niekedy	Once
Rebro	Rib
Recenzia	Review (noun)
Recyklovať	Recycle
Relax, oddych	Relax (noun)
Remeslá	Crafts

Slovenský	English
Reštaurácia	Restaurant
Rezervácia	Reservation (reserving)
Riadiť	Direct (verb)
Rieka	River
Robiť	Do
Rodičia	Parents
Rodina	Family
Roh	Corner
Rok	Year
Roky	Years
Romantický	Romantic
Rovnaký	Same
Rovno	Straight
Rozdávať (karty)	Deal (card dealer)
Rozhodnúť	Decide
Rozprávať	Talk
Roztok pre kontaktné šošovky	Contact lens solution
Rozumieť	Understand
Rozumný	Sensible
Ručne vyrobený	Handmade
Ruiny	Ruins
Ruka	Arm

Slovenský	English
Ruka	Hand
Rukavice	Gloves
Ruksak	Backpack
Rum	Rum
Rúra (na pečenie)	Oven
Rúž na pery	Lipstick
Ružový	Pink
Ryba	Fish
Rýchle občerstvenie, snack	Snack
Rýchlosť	Speed (rate)
Rýchly	Fast
Rýchly	Quick
Rytmus	Rhythm
Ryža	Rice

S

S	With
Sako, kabát	Jacket
Sám, sama	Alone
Sandál	Sandal
Sauna	Sauna

Slovenský	English
Sebecký	Selfish
Sedadlo	Seat
Sedieť	Sit
Sekunda	Second (moment)
Semafor	Traffic light
Sestra	Sister
Sever	North
Sex, pohlavie	Sex
Sexi	Sexy
Sexizmus	Sexism
Sezóna	Season
Sieť	Net (noun)
Sila, moc	Power
Silný, pevný	Strong
Sivý	Grey
Skala	Rock
Skončiť	Quit
Skoro	Early
Skoro	Soon
Skúsenosť	Experience (noun)
Skúsiť, vyskúšať	Try (trying)
Skúšobná kabínka	Changing room

Slovenský	English
Skvelý	Wonderful
Sladký	Sweet
Slanina	Bacon
Slečna	Miss (lady)
Slepý	Blind
Slivka	Plum
Slnečné okuliare	Sunglasses
Slnečný	Sunny
Slnko	Sun
Slobodný	Free (at liberty)
Slovo	Word
Sľub	Promise (noun)
Sľúbiť	Promise (verb)
Služba, servis	Service
Smer	Direction
Smerovať	Point (verb)
Smieť	Can (allowed)
Smutný	Sad
Sneh	Snow (noun)
Snežiť	Snow (verb)
Snívať	Dream
Sobáš	Marriage

Slovenský	English
Sóda	Soda
Socha	Statue
Soľ	Salt
Spálňa	Bedroom
Spánok	Sleep (noun)
Spať	Sleep (verb)
Speňažiť	Cash (deposit a check)
Spevák	Singer
Spievať	Sing
Spisovateľ	Writer
Spodná bielizeň	Underwear
Spodok	Bottom (on bottom)
Spolu	Together
Sporák	Stove
Spôsob, cesta, smer	Way
Správa	Message
Spraviť, urobiť	Make
Správny	Right (appropriate)
Správy	News
Sprcha	Shower (noun)
Sprchovať sa	Shower (verb)
Sranda, vtip	Joke (noun)

Slovenský	English
Srandovať, špásovať	Joke (verb)
Srdce	Heart
Stanica	Station
Stará mama	Grandmother
Starať sa o	Care for
Starodávny, zastaraný	Ancient
Starožitný, antický	Antique
Starý	Old
Starý otec	Grandfather
Stáť	Cost (verb)
Stavať	Build
Stavbár	Builder
Stávka	Bet
Sťažovať sa	Complain
Stejk	Steak
Stlmiť (zvuk)	Mute (verb)
Stolička	Chair
Stôl	Table
Strana	Page
Strana	Side
Strana (politická)	Party (political)
Strašný	Awful

Slovenský	English
Stratený	Lost
Stratiť	Lose
Stredná škola	High school
Stretnúť	Meet
Stretnutie (u lekára, na úrade)	Appointment
Stretnutie, schôdza	Meeting
Strieborný	Silver (adjective)
Striebro	Silver (noun)
Strieľať, zastreliť	Shoot
Strmý	High (steep)
Strmý	Steep
Stroj	Machine
Strom	Tree
Studený	Cold
Stupne	Degrees (weather)
Suchý	Dry (adjective)
Sukňa	Skirt
Súkromný	Private
Supermarket	Supermarket
Surf	Surf (noun)
Surfovať	Surf (verb)
Surový	Raw

Slovenský	English
Sušiť	Dry (verb)
Svadba	Wedding
Sval	Muscle
Svet	World
Sveter	Jumper (cardigan)
Sveter	Sweater
Svetlý	Light (pale)
Sviečka	Candle
Sviňa, ošípaná	Pig
Svitanie	Sunrise
Svokra	Mother-in-law
Svrbieť	Itch
Syn	Son
Syr	Cheese

Š

Šál, šatka	Scarf
Šalát	Salad
Šampón	Shampoo
Šanca	Chance
Šatník	Wardrobe

Slovenský	English
Široký	Wide
Šiť	Sew
Škola	School
Škôlka	Kindergarten
Šnúrka	Lace
Šoférovať	Drive
Šou, predstavenie	Show (noun)
Špenát	Spinach
Špička, prst na nohe	Toe
Špinavý	Dirty
Štadión	Stadium
Šťastie	Luck
Šťastný	Happy
Šťastný	Lucky
Študent	Student
Štúdio	Studio
Štvrtina, štvrť	Quarter
Šváb	Cockroach

T

Tabak	Tobacco

Slovenský	English
Tabletka, pilulka	Pill
Táborák	Campfire
Ťahať	Pull
Tam	There
Tamten	That (one)
Tancovanie	Dancing
Tancovať	Dance (verb)
Tanec	Dance (noun)
Tanier	Plate
Taška	Bag
Taška, kabelka	Handbag
Ťažký	Heavy
Ťažký, náročný	Difficult
Tehotná	Pregnant
Tekvica	Pumpkin
Telefón	Telephone
Telefónny zoznam	Phone book
Televízia, televízor	Television
Televízia, televízor	TV
Telo	Body
Telocvičňa	Gym
Tenký, chudý	Thin

Slovenský	English
Teplo	Heat
Teplomer	Thermometer
Teplota	Temperature (degrees)
Teplý	Warm
Teraz	Now
Termín (názov)	Name (term)
Tesár	Carpenter
Tesný, úzky	Tight
Tieň	Shade (shady)
Tiež	Also
Tiež	Too (additionally)
Tichý	Quiet
Tím	Team
Tlačiareň	Printer (printing)
Tlačiť	Push
Tlak	Pressure
Tmavý	Dark
To	It
Toaletný papier	Toilet paper
Topánky	Shoes
Torta (narodeninová torta)	Cake (birthday cake)
Torta (svadobná torta)	Cake (wedding cake)

Slovenský	English
Toto	This (one)
Tráva	Grass
Tretí	Third (adjective)
Tretina	Third (noun)
Trh	Market
Tričko	T-shirt
Triediť	Class (categorize)
Tu	Here
Tučný	Fat
Tučný	Thick
Turista	Tourist
Tvar	Shape
Tvár	Face
Tvoj	Your
Tvrdohlavý	Stubborn
Tvrdý	Hard (firm)
Ty	You
Typ	Type
Typický	Typical
Týždeň	Week

Slovenský	English

U / Ú

Slovenský	English
Účes	Haircut
Účet	Account
Účet, faktúra	Bill (bill of sale)
Učiť sa	Learn
Učiteľ	Teacher
Ucho	Ear
Ukázať	Show (verb)
Ukončiť, skončiť	Finish
Ukradnúť	Steal
Ukradnutý	Stolen
Ulica	Street
Umelec	Artist
Umenie	Art
Unavený	Tired
Úpal	Sunburn
Uprednostňovať	Prefer
Úsmev	Smile (noun)
Usmievať sa	Smile (verb)
Ústa	Mouth

Slovenský	English
Ustarostený, znepokojený	Worried
Úsvit	Dawn
Uterák	Towel
Uvarený na tvrdo	Hard-boiled
Už	Already
Úžasný	Great (wonderful)
Užiť si	Enjoy (enjoying)
Užitočný	Useful

V

V	At
V	In
V zahraničí	Overseas
Váha	Weight
Vajce	Egg
Vaňa	Bath (noun)
Vankúš	Pillow
Variť	Cook
Varovať	Warn
Väzenie	Jail
Vážiť	Weigh

Slovenský	English
Väznica	Prison
Vážny, seriózny	Serious
Vážny, závažný, hrob	Grave
Včera	Yesterday
Vďačný	Grateful
Večer	Evening
Večera	Dinner
Veda	Science
Vedec	Scientist
Vedieť, poznať	Know
Vedľa	Next to
Vedľa, pri, v porovnaní	Beside
Vedro	Bucket
Vegetarián	Vegetarian
Vek	Age
Veľa	Lot
Veľa (početné)	Many
Veľkosť	Size (extent)
Veľký	Big
Veľký	Large
Veľmi	Very
Veľmi, príliš	Too (excessively)

Slovenský	English
Verejná toaleta	Public toilet
Veža	Tower
Viac	More
Vianoce	Christmas
Videorekordér	Video recorder
Vidieť	See
Vidlička	Fork
Vietor	Wind
Víkend	Weekend
Vinný	Guilty
Víno	Wine
Vírus	Virus
Visiaci zámok	Padlock
Vitajte, privítať	Welcome
Víťaz	Winner
Vláda	Government
Vlak	Train
Vlaková stanica, železničná stanica	Train station
Vlasy	Hair
Vľavo, naľavo	Left (leftward)
Vlažný	Cool (mild temperature)
Vlhký	Humid

Slovenský	English
Vlna	Wave
Vlna	Wool
Vnučka	Granddaughter
Vnuk	Grandson
Vnútri	Indoor
Vnútri, dnu	Inside
Voči	Towards
Voda	Water
Voda z vodovodu	Tap water
Vodovodný kohútik	Tap
Vojenský	Military (adjective)
Vojna	War
Volať	Call
Vôňa	Smell (noun)
Voňať, cítiť	Smell (verb)
Vonku, von	Outside
Voz	Carriage
Vpravo	Right (rightward)
Vpredu	In front of
Vrátenie peňazí	Refund (noun)
Vrátiť peniaze	Refund (verb)
Vrátiť sa	Return (returning)

Slovenský	English
Vražda	Murder
Vrch, hora	Mountain
Vrecko	Pocket
Vreckovka	Handkerchief
Všetko	All
Všetko	Everything
Vstup	Entry
Vstúpiť	Enter
Vták	Bird
Vy	You
Vybrať	Choose
Východ	East
Východ	Exit (noun)
Vyčistiť	Wash (scrub)
Výdaj batožiny	Baggage claim
Výhľad, pohľad	View
Vyhnúť sa	Stop (avoid)
Výhra	Win (noun)
Vyhrať	Win (verb)
Vyjsť	Exit (verb)
Vyjsť	Go out
Výkon, vystúpenie	Performance

Slovenský	English
Výlet, expedícia	Trip (expedition)
Vyplniť	Fill
Vyprahnutý	Thirsty (parched)
Vyprať veci	Wash cloth
Vyprážať	Fry
Výpredaj	Sale (special)
Vyrážka	Rash
Vyrobiť	Produce (verb)
Výrobok	Produce (noun)
Vysoká škola	College
Vysoký	Tall
Vystúpiť	Get off (disembark)
Vysušiť	Dry (warm up)
Výťah	Elevator
Vytknúť (členok)	Sprain
Vývrtka	Bottle opener (corkscrew)
Vzácny	Rare (exotic)
Vzadu, dozadu	Back (backward position)
Vzdelanie	Education
Vzdialený	Remote
Vzduch	Air
Vždy	Always

Slovenský	English
Vzťah	Relationship

Z

Za	Behind
Za (napr. Cena za noc), na (napr. Na osobu)	Per
Zábava	Fun
Zabávať sa	Have fun
Zábavný	Funny
Zabudnúť	Forget
Začať	Start (verb)
Začiatok, štart	Start (noun)
Zadarmo	Free (no cost)
Zadná časť	Rear (behind)
Zadok	Bottom (butt)
Zahanbený	Embarrassed
Záhrada	Garden
Zahrnutý	Included
Záchod	Toilet
Zajac	Rabbit
Zajtra	Tomorrow
Zakmnúť	Lock (verb)

Slovenský	English
Záloha	Deposit
Zamknutý	Locked
Zámok	Lock (noun)
Zaneprázdnený	Busy
Západ	West
Západ slnka	Sunset
Zápalky	Matches (matchbox)
Zapaľovač	Lighter (ignited)
Zápas	Game (match-up)
Zápas	Game (event)
Zápästie	Wrist
Zápisník	Notebook
Zarobiť	Earn
Zarozprávať sa	Chat up
Zaspatý, ospalý	Sleepy
Zastaviť, ukončiť	Stop (halt)
Zastávka	Stop (station)
Zástrčka	Plug (socket)
Zátka	Plug (stopper)
Zatknúť, zatknutie	Arrest
Zatvorený	Closed
Zatvorený	Shut (adjective)

Slovenský	English
Zatvoriť	Shut (noun)
Zaujímavý	Interesting
Závažia	Weights
Zavrieť	Close
Zažiť	Experience (verb)
Zbraň	Gun
Zdarma	Complimentary (on the house)
Zdravie	Health
Zdravotná sestra	Nurse
Zelenina	Vegetable
Zelený	Green
Zem, pozemok	Land
Zemiak	Potato
Zima	Winter
Zips	Zipper
Zisk	Profit
Zlato	Gold
Zlodej	Thief
Zlomený	Broken (breaking)
Zlomiť	Break
Zlý	Bad
Zmena	Change (noun)

Slovenský	English
Zmeniť	Change (verb)
Zmluva	Contract
Zmrzlina	Ice cream
Zmyselný, zmyslový	Sensual
Značka, znamenie	Sign
Znamenie (horoskop)	Star sign
Známy, slávny	Famous
Znečistenie	Pollution
Znudený, unudený	Bored
Zobrať, vziať	Take
Zohriatý, nahriatý	Heated
Zomrieť	Die
Zoologická záhrada	Zoo
Zosobášiť, vziať si	Marry
Zranenie	Injury
Zrkadlo	Mirror
Zrušiť	Cancel
Zub	Tooth
Zubár	Dentist
Zubná kefka	Toothbrush
Zubná pasta	Toothpaste
Zuby	Teeth

Slovenský	English
Zviera	Animal
Zvláštny	Off (strange)
Zvláštny	Strange
Zvoniť	Ring (ringing)
Zvyk	Custom
Zvyšok	Rest (noun)

Ž

Žalúdok	Stomach
Želať si, priať	Wish
Železo	Metal
Žena	Female
Žiadať	Ask (request)
Žiadny	None
Žiarovka	Light bulb
Žiletka	Razor
Život	Life
Žltý	Yellow

Printed in Great Britain
by Amazon